AF249893

UN SONGE LÉGISLATIF.

PARIS,

J. J. RISLER, RUE BASSE-DU-REMPART,
MADELEINE.

AU BUREAU DE L'ESPÉRANCE, RUE
LOUIS-LE-GRAND, 17.

—

1841.

UN SONGE LÉGISLATIF.

J'avais, ce jour-là, obtenu un billet pour assister à une séance de la Chambre des Députés; et pour mieux remplir ma journée législative, j'avais consumé ma matinée dans la lecture de tous les titres des journaux, et de toutes leurs annonces de livres philosophiques, politiques et littéraires, parus depuis la veille. Muni de ce bagage intellectuel, je m'étais rendu à la Chambre de nos représentans; et là, dans le silence, je les avais laissé parler tant qu'ils avaient voulu. Enfin, bien rassasié, je veux diré bien nourri de tout ce que j'avais lu, vu et entendu, je terminai ma journée par ma meilleure action: j'allai me coucher. — Bientôt, dans une vaste salle, une foule immense s'agita devant moi; journalistes, philosophes, littérateurs, députés, juges, magistrats, criaient tous à tue-tête; mais il n'en résultait aucun inconvénient, car personne ne faisant attention à ce que disaient les autres, chacun s'écoutant lui-même, tous étaient satisfaits et triomphans. Pour satisfaire à cette fureur de parler, on avait élevé des milliers de tribunes, et fait disparaître les bancs tous vides d'auditeurs. Selon toute apparence, cette séance était une séance extraordinaire; car non seulement ministres et députés avaient pris la parole, mais public, sténographes, huissiers, jusqu'aux crieurs qui étaient à la porte, étaient montés sur des chaises, tribunes improvisées, et tous déclamaient sur le même sujet.

C'est qu'en effet le sujet était du plus haut intérêt. On en était venu à reconnaître que la gloire militaire, pas mieux que le pacifique commerce, le bien-être matériel pas plus que la culture de l'esprit, rien de tout cela ne suffisait pour faire bien marcher une société, car l'homme portait ses passions et son cœur dépravé dans les combats comme dans un comptoir, dans l'abondance comme dans la pauvreté, au milieu des trésors du savoir comme dans l'ignorance, et qu'aussi long-temps que l'être moral ne serait pas amélioré, changé, régénéré, il importerait peu pour la so-ciété que les méchans, les bandits, les voleurs, les assassins, fussent instruits ou ignorans, riches ou pauvres, sous une loi ou sous une autre. On avait fait un pas de plus même, on avait reconnu, dans la grande fabrique des lois, que ce n'était pas en changeant des mots de place dans un décret, ou en doublant les postes dans les casernes, qu'on pouvait persuader à l'égoïsme de se transformer en dévouement; et, fatigué de tant de vaines tentatives, on en était venu à s'accorder tous, ab-solument tous, sur un point, et ce point était celui-ci : pour faire marcher une société, il faut une religion. On en était là.

Comme je l'ai déjà dit, tous parlaient à la fois, lorsque (bizarrerie des songes!) la sonnette ou-bliée par le président qui discourait aussi, lorsque la sonnette se grossit peu à peu, devint cloche énorme et retentissante, et gagnée elle-même, par la contagion, elle se mit à parler, mais si haut, si haut, que force fut bien à tous de se taire et de se boucher les oreilles. Quand chacun de sa tri-bune se fut fait une chaise, et que tous gardèrent ce silence involontaire, l'énorme cloche se replaça sur le bureau; et, chose étonnante! une voix forte et sonore, partant on ne sait d'où, se fit alors en-tendre: « à l'ordre, Messieurs! à l'ordre, ou à la porte. Vous allez, s'il vous plait., parler l'un après l'autre ; l'auditoire est condamné non seulement à entendre , mais encore à écouter ; quant à l'orateur, je le laisserai parler quoi qu'il dise ; mais dès qu'il commencera à se répéter, une vibration de mon marteau le rappellera au silence. Vous , journaliste, commencez, vous avez la parole. »

« Messieurs, dit le journaliste, désormais un fait inébranlable est acquis à la science humaine, mon expérience personnelle me l'a largement démontré: pour conduire un peuple, il faut une religion. J'ai successivement rédigé *le Figaro*, *le Constitutionnel*, *les Débats* ; et aujourd'hui je les ai tous abandonnés pour me faire journaliste religieux. Les feuilles nombreuses et variées qui reçoivent en dépôt le génie de mes œuvres, prouvent, en les acceptant, si j'ai quelque aptitude à traiter la question , et ce que la modestie m'empêche de dire, vous pouvez aller le demander tour-à-tour à saint Simon, à Fourrier et au Pape, si vous voulez.» — «Au fait, au fait !» cria la voix terrible. — «M'y voici, reprit l'orateur : il faut une religion, et pour la faire pénétrer dans les masses, je propose à mes confrères de la prêcher tous dans nos colonnes ; disons à ceux-ci qu'il y a un ciel et un enfer , à ceux-là, qu'il est un avenir, à d'autres qu'après la mort la créature, émanation divine, s'absorbe dans le Créateur; à d'autres enfin, que le perfectionnement indéfini de l'humanité leur impose des devoirs; parlons à chacun selon ses goûts, mais à tous parlons d'un avenir. Que cette perspective lie leur conscience, dompte leurs passions, développe leur dévouement; et nous, nous vivrons heureux et paisibles. Ensuite....» — L'énorme marteau de la cloche se soulève, le journaliste espère encore avoir le temps de glisser une phrase, et recommence : « ensuite..., » mais le marteau retombe étourdissant, et couvre, non sans peine, la voix de l'orateur qui se rassied enfin saisi par le bras vigoureux de son voisin, qui à son tour voulait parler. — « Vous avez la parole, avocat, soyez court. »

L'avocat devenu juge et même président d'une Cour d'Assises, commença donc ainsi : « J'appuie la motion de mon honorable collègue, et, Messieurs, personne plus que moi ne sent l'urgente nécessité de rétablir chez le peuple, la foi religieuse. Chaque jour ramène à notre barre des hommes souillés de tous les vices, capables de tous les crimes; et quand l'instruction déroule leur

passé sous nos yeux, c'est presque toujours à l'ab-
sence de conviction religieuse que nous sommes
conduits à reconnaître qu'il faut attribuer leur
vie de désordres ; nos lois sont insuffisantes,
l'homme adroit peut toujours y échapper ; il faut
pour retenir le scélérat, la pensée qu'un juge invisible a l'œil fixé sur sa conduite et que s'il
échappe à la punition des hommes, il n'évitera pas
le châtiment d'un Dieu. Rétablissez donc des
Christs dans nos salles d'audience, faites imprimer
des codes annotés par des moralistes, élevez une
église devant chaque prison ; enfin moralisez le
peuple, favorisez la religion ; s'il le faut, donnez
l'exemple, prêtez vos sermens au nom de Dieu;
allez entendre une messe, suivez quelquefois la
foule dans ses fêtes religieuses, parlez du bon
Dieu à vos enfans et à vos femmes, répétez dans
vos discours les mots de *Providence*, de *Créateur*,
de *Conscience* même, et les masses vous voyant
parler et agir de la sorte seront entraînées à votre
suite ; nous aurons une population vertueuse,
paisible, qui nous laissera vivre en paix, dormir
tranquilles, et nous devrons ces inestimables bien-
faits à l'invention si simple d'une religion pour
le peuple. » — L'avocat était âgé, une quinte de

toux le prit, elle tint lieu de sonnette; il se tut
donc, et un homme d'État, député ou ministre (je
ne sais) prit à son tour la parole :

« Messieurs, une expérience récente ne nous l'a
que trop bien démontré: l'incrédulité et le crime,
l'irréligion et la république sont intimement
unies, c'est au nom de l'athéisme que le régi-
cide a été prêché, et comme moi, vous avez pu
lire ces paroles : « il est beau d'être athée, mais
cela ne suffit pas, il faut savoir encore ne pas épar-
gner le sang.... » Messieurs nous avons essayé de
tout, mais essayé de tout en vain. Fêtes de juillet
pour nous gagner le peuple, lois de septembre
pour l'intimider, siéges d'Anvers, de Constantine,
de Saint-Jean d'Ulloa pour éveiller ses sympathies
par la gloire militaire ; nous lui avons prodigué
Musée à Versailles, promenades à Paris, écoles
dans les communes, traités de commerce au
dehors, et rien, rien n'a réussi ! Tous se plai-
gnent, personne ne s'estime heureux, et quand
quelques-uns sont arrivés à cette fortune que tous
ambitionnent, le lendemain nous retrouvons leur
cadavres à la morgue, ou leur crâne broyé sur le
pavé ! Les plus sages s'ennuient sans rien dire,...
et moi qui vous parle, je vous avoue que je suis

rassasié de gloire, fatigué de bien-être et assommé des plaisirs de la vie. Quand on a essayé de tous les moyens, et qu'un seul vous reste, pourquoi ne pas en user à son tour? Quand il n'y a plus qu'un billet dans l'urne, et que tous les joueurs malheureux ont tiré le leur n'est-ce pas une raison de croire que c'est le bon qui reste? vous comprenez? Je vote donc pour l'établissement en grand d'une religion, et d'une religion d'Etat dont le clergé répandu jusque dans les plus petits villages, façonne les esprits au nom de Dieu, pour l'obéissance au monarque et aux lois; il faut que ces ecclésiastiques se rattachent à un centre par des liens invisibles; que tous ces liens partant de tous les points du royaume viennent aboutir dans notre main.... Qu'ainsi nous les fassions mouvoir selon les circonstances. Commençons donc par nous assurer ces hommes dévoués; et, Messieurs, vous en connaissez les moyens; ayez soin seulement en les élévant de ne pas vous laisser monter dessus; donnez-leur cathédrales, croix, ornemens, argent, n'épargnez rien pour en faire vos amis, car encore une fois, il faut essayer de la puissance religieuse là où toutes les autres ont succombé.

Comme ceci ressemblait à une répétition, la cloche sonna et l'orateur invisible dit à son tour : « Il faut une religion, avez-vous dit tous ensemble, et laquelle? »—Peu importe, répondirent journalistes, philosophes, députés, juges, ministres ; toutes les religions sont bonnes , puisque toutes ordonnent de bien faire. Cette opinion fut mise aux voix , et l'assemblée, comme un seul homme, se leva pour dire : il faut une religion, peu importe laquelle, car toutes les religions sont bonnes et ordonnent de bien faire. Le vote unanime recueilli, chacun se rassit, la cloche obtint le silence, et, à son dernier vibrement, elle disparut dans les airs, et découvrit aux yeux de l'assemblée, l'homme mystérieux qui jusque là était resté caché dans ses flancs. Il n'avait ni épée, ni croix, ni robe, ni journaux ; il portait un livre dans la main gauche, et de la droite imposant le silence, il commença ainsi d'un ton digne et solennel : « Vous êtes tous des misérables ! tous des hypocrites ! et le meilleur moyen de ruiner la religion sur la terre, ce serait de vous en faire les apôtres ! Les athées affaiblissent la foi, les fanatiques la corrompent, les humanitaires la dénaturent ; mais c'est vous, amis prétendus de la religion, c'est vous qui la tuez. Hypocrites, car cette religion que vous voulez pour les autres, vous n'en voulez pas pour vous-mêmes. Vous leur dites de croire et vous ne croyez pas. Ce n'est pas une religion, c'est un mensonge que vous leur jetez, et vous voulez nourrir leur esprit de superstitions que vous auriez honte d'admettre. A vos yeux, la religion est un frein, un bâillon, et vous voulez en museler le peuple pour l'empêcher de vous mordre; mais croyez-vous donc ce peuple assez sot pour être votre dupe? Pensez-vous qu'il ne sache pas voir que toutes vos exhortations, tous vos exemples ne sont que de faux semblans, et que vous ne croyez pas vous-mêmes ce que vous lui dites de croire? Et ne voyez-vous pas que ce peuple marche sur vos traces bien mieux que vous ne voudriez, et que lui aussi dit à son tour : Il faut une religion pour le peuple, mais moi je n'en suis pas, et je peux m'en passer tout en la prêchant comme font mon journaliste, mon député, mon avocat, et sachons comme eux nous faire philosophe? Ne voyez-vous que ce que vous propagez ainsi, ce n'est pas la foi, c'est l'incrédulité, ce n'est pas la religion, c'est l'hypocrisie; et que bientôt l'enfant à la lisière viendra vous dire, il faut une religion pour l'enfant au maillot ? Vous voulez duper les autres et c'est vous qui êtes les premières dupes en pensant qu'on fait des hommes religieux avec de belles paroles. Avant tout, la religion est une vérité, et il faut la croire telle pour la prêcher avec efficacité. La religion est une vérité, et c'est une intervention du vrai Dieu et non de l'homme qu'il faut pour changer une société corrompue. Pour vous, la religion est un levier politique , c'est-à-dire un mensonge. Pour Dieu , la religion est le lien du Ciel à la terre, c'est-à-dire une vérité. Vous pouvez bien ne rien croire de tout cela, mais alors ne faites pas prêcher aux autres ce que vous ne croyez pas , ou bien reconnaissez que vous n'êtes que de vils imposteurs qui voulez vivre aux dépens de la crédulité de vos frères, qui voulez dompter leurs passions pour donner un cours plus libre aux vôtres , et qui payez leurs sacrifices de promesses dans un monde qui selon vous n'existe pas. Si votre égoïsme ne vous aveuglait pas, vous raisonneriez tout autrement et vous diriez : Puisque nous, grands philosophes, nous avons découvert que le monde ne peut pas marcher sans religion , il est probable que le Créateur de ce monde a aussi reconnu cette nécessité, et s'il l'a reconnue, il est probable encore qu'Il y aura pourvu. Si nous voulons créer une religion, Lui aussi a dû le vouloir, avec cette différence que nous, dans notre faiblesse, pour religion nous proposons un mensonge, et que Lui tout-puissant, pour religion a dû donner une vérité. Cette religion vraie doit donc exister; mais quelle est-elle? où la prendre? notre premier devoir est au moins de la chercher, et quand nous l'aurons rencontrée, examinée, crue et acceptée pour notre compte, alors nous penserons à la prêcher aux autres. Eh bien ! cette religion existe, elle est écrite dans ce livre dont chaque page porte un cachet de vérité; je dépose ce volume sacré devant vous, ceux qui, m'ayant entendu, refuseront cependant d'ouvrir le livre, prouveront qu'ils aiment mieux suivre leurs goûts que chercher la vérité; ceux qui l'ouvriront sans le lire, ou le liront sans le croire, prouveront que leurs passions obscurcissent leur intelligence, et les uns et les autres seront justement condamnés. Maintenant votre sort est entre vos mains, prononcez !»

Le livre fut déposé sur le bureau, la moitié de

l'assemblée épouvantée à la pensée d'une religion vraie qui l'obligerait à modifier sa vie, ses goûts, ses habitudes, se leva subitement et s'élança hors de la salle. D'autres s'avançant, regardèrent la couverture et sortirent ; de plus persévérans, crièrent : Quel est le titre ? et comme quelqu'un l'ayant ouvert répondit : LA SAINTE-BIBLE, toute l'assemblée se boucha les oreilles et sortit en toute hâte. Un enfant et un vieillard restèrent seuls ; l'enfant joignit les mains et fit une prière, le vieillard ouvrit le livre et en lut une page ; et moi sortant de mon rêve je ne trouvai ni enfant ni vieillard.

Lecteur, pouvez-vous dire que vous soyez assuré de connaître la vérité religieuse? Et si vous ne la connaissez pas, pouvez-vous nier qu'elle soit pour vous, importante à connaître? Cependant jusqu'à ce jour, qu'avez-vous fait pour cela? moins que vous n'avez fait pour connaître la vérité dans quelque science terrestre, en sorte que vous avez donné plus d'importance à votre corps qu'à votre âme, plus de prix au temps qu'à l'éternité ! — Voyez s'il ne vaut pas la peine d'y songer et d'ouvrir, vous, cette Bible que tant d'autres laissent fermée. On ne vous engage pas à vous soumettre en aveugle, on vous prie de « sonder les Écritures, » par lesquelles vous pouvez avoir la vie éternelle. Si vous refusez de faire cet examen, je me borne à vous faire une question : Quel est le plus crédule, celui qui repousse la foi sans rien examiner, ou celui qui examine et croit ? — Prenez garde ! en faisant l'esprit fort, vous pourriez bien prouver votre faiblesse d'esprit et signer ainsi votre condamnation, car la lumière sera venue dans le monde, et vous aurez mieux aimé les ténèbres que la lumière. Pour la dernière fois sondez la Bible, la Parole de vérité. (*)

<hr>

(*) Extrait de l'Espérance, Journal hebdomadaire. Prix : 15 fr. par an. Bureau : Rue Louis-le-Grand, Nº 17, à Paris.

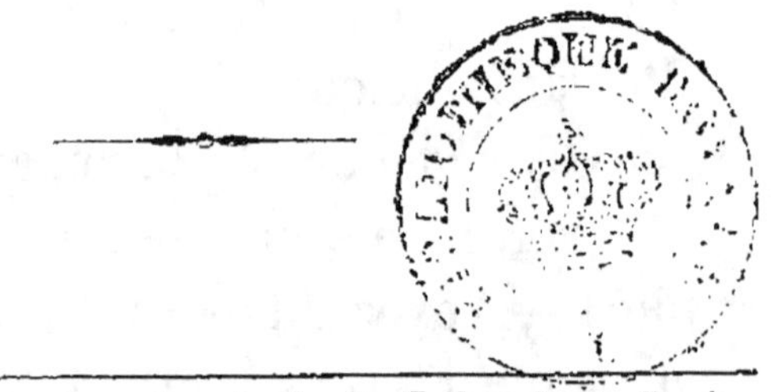